BEI GRIN MACHT SICH IHR WISSEN BEZAHLT

AF286775

- Wir veröffentlichen Ihre Hausarbeit, Bachelor- und Masterarbeit

- Ihr eigenes eBook und Buch - weltweit in allen wichtigen Shops

- Verdienen Sie an jedem Verkauf

Jetzt bei www.GRIN.com hochladen und kostenlos publizieren

Die Einführung von Clean Code in einer Organisation. Methoden und Maßnahmen

Heribert Tellerfink

Bibliografische Information der Deutschen Nationalbibliothek:

Die Deutsche Nationalbibliothek verzeichnet diese Publikation in der
Deutschen Nationalbibliografie; detaillierte bibliografische Daten sind
im Internet über http://dnb.d–nb.de abrufbar.

ISBN: 9783963568527
Dieses Buch ist auch als E-Book erhältlich.

© GRIN Publishing GmbH
Trappentreustraße 1
80339 München

Druck und Bindung: Books on Demand GmbH Norderstedt Germany
Gedruckt auf säurefreiem Papier aus verantwortungsvollen Quellen

Das vorliegende Werk wurde sorgfältig erarbeitet. Dennoch
übernehmen Autoren und Verlag für die Richtgkeit von Angaben,
Hinweisen, Links und Ratschlägen sowie eventuelle Druckfehler keine
Haftung.

Das Buch bei GRIN: https://www.grin.com/document/1453608

IU – Internationale Hochschule

Modul: Seminar Software Engineering ISSE01

Sommersemester 25.05.2023 - 24.11.2023

Methoden und Maßnahmen, Clean Code in einer Organisation einzuführen und den Nachweis der Anwendung in der Praxis zu erbringen

Aufgabenstellung 2: Clean Code und Refactoring

Seminararbeit im Studiengang Informatik (B. Sc.)

Heribert Tellerfink

5. Semester Fernstudium Bachelor of Science Informatik,
Vollzeit

Abgabedatum: 02.06.2023

Inhaltsverzeichnis

I. Abkürzungsverzeichnis

1 Einleitung

1.1 Hintergrund und Zielsetzung

Clean Code, ein Konzept, das Robert C. Martin in seinem Buch "Clean Code: A Handbook of Agile Software Craftsmanship" populär gemacht hat, hat in der Softwareentwicklergemeinde große Aufmerksamkeit erregt. Die Hauptidee hinter Clean Code ist die Betonung des Schreibens von Code, der stabil und wartungsfreundlich ist (Broy & Kuhrmann, 2021, S. 440). Da Software-Wartung über die Lebensdauer eines Projekts einen Großteil der Kosten ausmacht (Ludewig & Lichter, 2013, S. 62) und Clean Code den Code wartbarer und damit qualitativ hochwertiger macht, kann es für Software-Unternehmen von Vorteil sein, Clean Code einzuführen und in den Teams zu fördern. Das Ziel der vorliegenden Seminararbeit ist es, zu untersuchen, welche Maßnahmen notwendig sind, um Clean Code in einer Organisation einzuführen und ob man den Nachweis erbringen kann, dass die eingeführten Methoden in der Praxis Anwendung finden. Der Leser soll einen grundlegenden Überblick über die Methoden und Begriffe bekommen, die in diesem Zusammenhang von Bedeutung sind.

1.2 Forschungsmethodik

Um der Forschungsfrage auf den Grund zu gehen, wurde die Übersichtsarbeit als Forschungsmethode gewählt, da in Artikeln, Büchern und andere Quellen recherchiert werden muss, um die vielfältigen Daten zusammenzutragen. Die schriftliche Auswertung von wissenschaftlichen Quellen in Form einer Übersichtsarbeit gibt dem Leser einen Überblick über die Einführung von Clean Code in Organisationen und über Methoden und Metriken zur Messung der Anwendung von Clean Code in der Praxis. Hierzu wurde in der Online-Bibliothek der IU nach den Schlagworten „Clean Code", „Code-Qualität", „Refactoring", „Change-Management", „Software-Engineering" und „Software Metriken" recherchiert.

1.3 Aufbau der Seminararbeit

Im Hauptteil dieser Seminararbeit wird zu Beginn erklärt, was unter Clean Code im Allgemeinen verstanden wird und welche Prinzipien diesbezüglich von Bedeutung sind. Weiterführend wird die Frage erörtert, welche Maßnahmen notwendig sind, um Clean Code in einer Organisation einzuführen. Hierbei wurde auf die Rolle des Managements eingegangen, auf personelle Maßnahmen sowie auf den Faktor Kommunikation und die Anwendung von Tools zur statischen Codeanalyse. Um die Frage zu beantworten, ob man den Nachweis führen kann, dass Clean Code in der Praxis auch eingesetzt wird, werden Methoden der konstruktiven und analytischen Qualitätskontrolle besprochen. Die Zusammenfassung und das Fazit schließen die Seminararbeit.

2 Was man unter Clean Code versteht

In diesem Kapitel wird betrachtet, was man unter Clean Code versteht und warum es für Unternehmen wichtig ist, sich mit diesem Thema zu beschäftigen. Zudem wird ein kurzer Überblick über die wichtigsten Methoden und Prinzipien gegeben.

2.1 Begriffsdefinition

Unter Clean Code versteht man in der Softwareentwicklung Maßnahmen und Verfahren, die Lesbarkeit, Einfachheit und Wartungsfreundlichkeit des Quellcodes in den Vordergrund rücken. Das Ziel dieser Herangehensweise ist es, Software und Systeme besser verständlich und leichter wart- und skalierbar zu halten. So erstellter Programmcode ist qualitativ hochwertig und intuitiv verständlich (Broy & Kuhrmann, 2021, S. 440).

Hintergrund ist die Erkenntnis, dass Code nur einmal geschrieben, aber im Rahmen von Korrektur, Änderung, Wartung, Weiterentwicklung und Wiederverwendung sehr viel häufiger gelesen wird (Broy & Kuhrmann, 2021, S. 436-437).

Die Prinzipien des Clean Codings sind keine standardisierten Normen, sondern in der Entwicklergemeinde weitestgehend akzeptierte Best Practices in der Software-Entwicklung. Im engeren Sinne bezieht man sich bei dem Begriff Clean Code auf Maßnahmen und Ratschläge aus Robert C. Martins Buch „Clean Code - A Handbook of Agile Software Craftsmanship".

2.2 Warum ist Clean Code wichtig?

Die Einführung von Clean Code in Unternehmen und Organisationen bringt zahlreiche Vorteile mit sich. Durch Clean Code wird eine höhere Software-Qualität erreicht, die unerlässlich für Wartbarkeit und die Nachhaltigkeit von Software-Systemen ist (Rachow et al., 2018, S. 131). Zudem verzögert schlechter und unstrukturierter Code die Entwicklung enorm, da Änderungen an vielen Stellen vorgenommen werden müssen und immer aufwändiger werden und das System immer instabiler wird (Martin, 2013, S. 28). Durch das Einhalten von Prinzipien wie Einfachheit, Lesbarkeit und Modularität ist der Arbeitsaufwand für das Beheben von Fehlern geringer. Techniken wie Code-Reviews und Pair-Programming ermöglichen es neuen Team-Mitgliedern zudem, sich schneller in eine unbekannte Code-Basis einarbeiten zu können (Rachow et al., 2018, S. 135).

2.3 Methoden des Clean Codings

Hier seien einige der Grundprinzipien erläutert, die Martin in seinem Buch beschreibt:

Code sollte sauber formatiert sein und konsistente Einrückung begrenzte Zeilenlänge und klare Trennung von logischen Abschnitten durch Leerzeilen beinhalten. Aussagekräftige Leerzeichen und konsistente Klammerung verbessern die Lesbarkeit. Die richtige Formatierung trägt zur Wartbarkeit, besseren Zusammenarbeit im Team und professionellen Gestaltung des Codes bei (Martin, 2013, S. 109 ff).

Aussagekräftige Namensgebung ist ein wesentlicher Aspekt von Clean Code und verbessert die Lesbarkeit von Code erheblich. Die sinnvolle Bezeichnung von Variablen und Funktionen ermöglichen es anderen Entwicklern und allgemein Lesern des Codes, schnell den Zweck und damit die Funktion eines Codeabschnitts zu verstehen (Broy & Kuhrmann, 2021, S. 441). So sollten sprechende, selbsterklärende Namen gewählt, zudem aber Fehlinformationen und Doppeldeutigkeiten vermieden werden, um den Leser des Codes nicht in die Irre zu führen. (Martin, 2013, S. 47).

Gutes Funktionsdesign zeichnet sich durch klare Verantwortlichkeiten aus, wobei jede Funktion eine spezifische Aufgabe erfüllt. Es sollte eine angemessene Abstraktionsebene beibehalten werden, um die Funktionen wiederverwendbar und vielseitig einsetzbar zu machen. Durch Aufteilen der Aufgabe in separate Funktionen (Abstraktionsebenen) wird der Code übersichtlicher und leichter verständlich (Martin, 2013, S. 67).

Clean Code betont das Vermeiden von unerwünschten Nebeneffekten in Funktionen, um unerwartetes Verhalten zu minimieren und den Code klarer und testbarer zu gestalten. „Ihre Funktion verspricht, eine Aufgabe zu erfüllen, aber sie erledigt auch andere verborgene Aufgaben" (Martin, 2013, S. 75).

Überkommentierung oder veraltete Kommentierung ist häufig ein Problem, da es den Leser in die Irre führt. Der Grund ist, dass Kommentare von Entwicklern oft nicht verändert werden, wenn der Code geändert wird. Grundsätzlich sollten Kommentare vermieden werden, wenn der Code selbsterklärend ist. Martin schlägt vor, Kommentare auf ein Minimum zu beschränken oder zumindest sparsam zu verwenden, um komplexe oder nicht offensichtliche Teile des Codes zu erklären (Martin, 2013, S. 85 ff).

2.4 Design-Prinzipien

Auf der Ebene des Software-Designs gibt es noch weitere Prinzipien, die u.a. in Robert C. Martins Buch „ Agile Software Development - Principes, Patterns, and Practices" beschrieben wurden und im weiteren Sinne auch zu Clean Code gerechnet werden.

Das Single-Responsibility-Prinzip (SRP) besagt, dass eine Klasse oder ein Modul nur eine Aufgabe hat (Broy & Kuhrmann, 2021, S. 406). SRP fördert die Modularität und Erweiterbarkeit von Code. Grundsätzlich sollte Code eine hohe Kohäsion aufzeigen (Martin, 2013, S. 178), da diese ein Kennzeichen dafür ist, dass Methoden und Variablen einer Klasse eine logische Gesamtheit bilden.

Ähnlich wie SRP besagt das Prinzip der Separation of Concerns (SOC), dass ein Programm in kleine, für sich stehende Teile unterteilt werden sollte und jeder dieser Teilbereich eine klare Verantwortlichkeit hat und sich abgrenzt. Verschiedene Aspekte wie Geschäftslogik oder graphische Benutzeroberfläche werden getrennt und erleichtern so die Test- und Wartbarkeit und ermöglichen es mehreren Entwicklern, getrennt voneinander an Teilbereichen zu arbeiten (Broy & Kuhrmann, 2021, S. 335).

DRY (don't repeat yourself) ist ein Prinzip, welches auf die Vermeidung von Redundanzen im Code anspielt. Gleiche oder sehr ähnliche Funktionalitäten sollten eher ausgelagert als kopiert werden, da Änderungen ansonsten überall eingepflegt werden müssen. Das führt zu Fehlern und Doppeldeutigkeiten. „Every piece of knowledge must have a single, unambiguous, authoritative representation within a system." (Hunt & Thomas, 1999, S. 26).

3 Clean Code in einer Organisation einführen

Im Folgenden wird untersucht, wie Prinzipien des Clean Codes in einer Organisation eingeführt werden können und welche Maßnahmen dazu nötig sind. Von großer Bedeutung dafür ist die Rolle des Managements und der Wissenstransfer, der eine Kultur des Clean Codes und einer hoher Code-Qualität im Allgemeinen fördert.

3.1 Rolle des Managements

Um Codequalität zu priorisieren und inkrementell zu optimieren, eignen sich besonders gut agile Ansätze wie Scrum oder XP. „Agile development processes should be considered because they support better code quality enforcement" (Rachow et al., 2018, S. 138). Agile Projekte sind im Allgemeinen dadurch definiert, dass sie iterativ angelegt und auf kleine Gruppen und Teams ausgerichtet sind, große, starre Dokumentationswerke sowie dogmatische Regelungen ablehnen und die Präsenz des Kunden im Projekt empfehlen. Sie sind der Gegenentwurf zu althergebrachten Prozessmodellen wie das starre V-Modell (Ludewig & Lichter, 2013, S. 220-221). "Bei Agilen Ansätzen dagegen ist das Schritt-für-Schritt-Mitlernen im Projektprozess ein integraler Bestandteil und wesentlicher Erfolgsfaktor der Arbeit" (Patzak & Rattay, 2018, S. 643). Zudem muss das Management die Notwendikeit von Optimierungsmethoden wie Code-Refactoring erkennen (Rachow et al., 2018, S. 137).

XP (Extreme Programming) ist eine agile Entwicklungsmethode, die in den 80er Jahren von Kent Beck entworfen wurde und auf kontinuierlichem Kundenfeedback, häufigen Iterationen und Pair-Programming basiert. Durch enge Zusammenarbeit im Team soll hochwertige Software in kurzen Entwicklungszyklen entwickelt werden. Da Codierungsrichtlinien in den

Vordergrund gerückt werden (Ludewig & Lichter, 2013, S. 225), wird Clean Code schon beim Entwickeln viel Platz eingeräumt.

Etwas weniger streng ausgerichtet als XP ist SCRUM, welches einen rollenbasierten, iterativen Prozess zur Software-Entwicklung definiert SCRUM basiert auf der Annahme, dass Projekte komplex, unsicher und schwer planbar sind (Broy & Kuhrmann, 2021, S. 104). Ein zentraler Punkt von Scrum ist Selbstorganisation im Team, die zu hoher Motivation führen kann (Patzak & Rattay, 2018, S. 644), die benötigt wird, um eine Clean Code Kultur im Team zu schaffen.

3.2 Kommunikation

Um Entwicklern in einer Organisation mit den Prinzipien von Clean Code vertraut zu machen und eine Kultur zu schaffen, in der Clean Code wertgeschätzt wird, ist es notwendig, Wissen und Erfahrung darüber zu vermitteln (Rachow et al., 2018, S. 135) und sie zu motivieren, die Code-Qualität zu verbessern (Rachow et al., 2018, S. 138). Nach Rachow et al. (2018, S.135) sind vor allem die Faktoren Erfahrung, Wissen, Bewusstsein und Motivation für Clean Code von Bedeutung. Team-Mitgliedern muss zunächst die Zeit eingeräumt werden, sich zu motivieren, sich an Clean Code Prinzipien zu halten und damit ein Bewusstsein für hohe Code-Qualität zu schaffen. Um eine Clean Code Kultur in einer Organisation zu erreichen, ist es zudem notwendig, Qualitätsstufen wie Code Reviews oder Refactoring obligatorisch zu machen. Zudem kann es sinnvoll sein, neue Entwickler zu ermutigen, Bücher über Clean Code und Code-Qualität zu lesen.

Ein wesentlicher Faktor ist Kommunikation. In Code-Reviews können erfahrene Entwickler ihr Wissen an weniger erfahrene Entwickler weitergeben (Fowler, 2020, S. 88) und somit zum Wissenstransfer in der Organisation beitragen. Pair-Programming dient insofern zum Wissensaustausch, da zwei Personen an einem Code arbeiten und sich ergänzen. Fowler (2020, S. 89) bezeichnet Pair Programming als „kontinuierliche Code-Review während der Programmierung". Hierbei handelt es sich um eine aus dem Extreme Programming kommende Implementierungstechnik, bei der zwei Entwickler an einem Arbeitsplatz gemeinsam am gleichen Quellcode arbeiten (Broy & Kuhrmann, 2021, S. 442). Einer der Entwickler ist dabei der Codierer, der aktiv und fokussiert am Code arbeitet, während der andere der Beobachter ist, sofortiges Feedback gibt und nach Alternativen und Referenzen sucht. Diese Rollen wechseln fortlaufend. Um das Verständnis über Clean Code und Code Qualität bei den Entwicklern zu vertiefen, können Schulungs- und Trainingsmaßnahmen förderlich sein, unter Umständen auch als private Fortbildung oder außerhalb der Arbeitszeiten (Rachow et al., 2018, S. 135).

3.3 Konventionen und Guidelines

Konventionen in Form von Dokumentationen sind klare und präzise Handlungsempfehlungen, die festlegen, wie bestimmte Aufgaben, Aktionen oder Verhaltensweisen durchgeführt werden sollen. Sie dienen als Leitfaden, um konsistente und qualitativ hochwertige Ergebnisse zu erzielen und sicherzustellen, dass Namenskonventionen und Clean-Code-Richtlinien im Team oder der Organisation eingehalten werden. Es ist sinnvoll, dass diese Codierungsrichtlinien von der Organisation festgelegt werden (Ludewig & Lichter, 2013, S. 458).

Damit sie für alle Entwickler verständlich und nachvollziehbar sind, sollte Wert daraufgelegt werden, diese Guidelines klar zu formulieren (Rachow et al., 2018, S. 140). Um Guidelines, zum Beispiel in Form von Wikis, im Clean Code Umfeld zu implementieren, sollten sie kurz gehalten und gut strukturiert sein, da sonst die Gefahr besteht, dass die Entwicklern die nötigen Informationen nicht finden (Rachow et al., 2018, S. 134). In diesen Fällen werden die Guidelines unter Umständen nicht genutzt.

3.4 Unittests und Testautomatisierung

Um schon in der Entwicklungsphase hohe Code Qualität zu gewährleisten, ist es unerlässlich, dass kontinuierlich Software-Tests ausgeführt werden. Im Zuge solcher Tests können durch statische Code-Analyse Verstöße gegen in der Organisation festgelegte Codierungsrichtlinien erkannt werden (Ayewah et al., 2008, S. 22). Testcode sollten den gleichen Clean-Code Standards entsprechen wie der Quellcode und ebenfalls im Versionskontrollsystem versioniert werden (Martin, 2013, S. 160). Er muss lesbar sein, klar und ausdrucksstark (Martin, 2013, S. 163).

Da das Schreiben von Tests von Entwicklern aufgrund Zeitdrucks oft vernachlässigt wird, bietet sich das Test-Driven-Development (TDD) an (Rachow et al., 2018, S. 134). TDD ist ein Entwicklungsansatz, bei dem die Tests vor dem eigentlichen Code geschrieben werden (Martin, 2013, S. 160).

3.5 Refactoring

Der Prozess, Code zu modifizieren, ohne das externe Verhalten zu ändern, aber die interne Struktur zu optimieren, wird als Refactoring bezeichnet (Fowler, 2020, S. 20). Ziel ist es, den Code les-, wart- und skalierbarer zu machen und ganz allgemein die Qualität des Codes zu verbessern und Clean-Code Praktiken umzusetzen. Refactoring zielt vor allem darauf ab, sogenannte Code-Smells zu vermeiden, zum Beispiel unklare Bezeichnungen, zu lange Funktionsdefinitionen oder redundanter Quellcode. Während das Refactoring von ungünstiger Benennung noch leicht ist, ist das Ändern von Klassen und Methoden schwieriger, da der

Aufwand größer ist und nach jeder Änderung der Code und die Funktionalität neu getestet werden müssen (Vasileva & Schmedding, 2016, S. 134).

3.6 Tools und Werkzeuge

Um eine hohe Codequalität zu gewährleisten, sind Werkzeuge nötig, die in den Teams genutzt werden müssen. Software-Systeme zur kontinuierlichen Integration von Software wie zum Beispiel Jenkins[1] oder Githooks[2] können eingesetzt werden, um die statische Code-Analyse bei jedem Commit auszuführen und zu prüfen, ob Verstöße gegen den Styleguide gemacht wurden (Rachow et al., 2018, S. 135). Oft finden solche Prüfung im Zuge einer CI/CD-Pipeline statt, eines integrierten Continuous Integration und Delivery/Deployment Systems (Broy & Kuhrmann, 2021, S. 515). Statische Code-Analyse hat aber auch seine Grenzen. So werden zum Beispiel ungünstige oder unsinnige Bezeichner von den Tools nicht bemängelt (Vasileva & Schmedding, 2016, S. 138).

Integrierte Entwicklungsumgebungen (IDE) und Editoren unterstützen neben Code-Highlighting und Vorschlagsfunktionen integrierte Tools zur statischen Codeanalyse, um schon beim Entwickeln Fehler und Vorschläge angezeigt zu bekommen (Rachow et al., 2018, S. 135). Den Entwicklern sollte außerdem genug Zeit eingeräumt werden, sich mit den Tools vertraut zu machen, da sie sonst nicht oder nur halbherzig genutzt werden (Rachow et al., 2018, S. 140).

4 Maßnahmen zum Nachweis von der Nutzung von Clean Code

In diesem Kapitel werden Methoden der konstruktiven und analytischen Qualitätssicherung betrachtet und wie anhand Reviews und Metriken geprüft werden kann, ob die Codierungsrichtlinien eingehalten wurden und Clean Code auch in der Praxis genutzt wird.

4.1 Konstruktive Qualitätssicherung

Hierbei handelt es sich um Maßnahmen, die vor und während der Entwicklung stattfinden, um zu vermeiden, dass schlechter Code überhaupt entwickelt und insbesondere gegen Clean Code Prinzipien verstoßen wird. Dazu zählen Dinge wie sorgfältige Spezifikationen, Dokumentationen, Codierungsrichtlinien, Kommentierung und der Einsatz von Style-Checkern, die bereits in der IDE des Entwicklers auf Fehler hinweisen (Broy & Kuhrmann, 2021, S. 26) oder durch externe Tools gestellt werden (Broy & Kuhrmann, 2021, S. 438).

---

[1] Jenkins ist ein webbasiertes Software-System zur kontinuierlichen Integration, das erweiterbar ist und dazu dient, Software-Komponenten zu einem Anwendungsprogramm zusammenzuführen.
[2] Git-Hooks sind Automatisierungsskripte, die automatisch aktiviert werden, wenn spezifische Ereignisse in einem Git-Repository auftreten.

„Im Allgemeinen werden die Codierungsstandards im Rahmen der konstruktiven Qualitätssicherung für den Entwicklungsprozess vorgegeben" (Broy & Kuhrmann, 2021, S. 442). Um Verstöße gegen Clean Code Prinzipien zu erkennen, wird eine statische Quellcode-Analyse verwendet, um den Code auf potenzielle Fehler, Stilrichtlinien und Codequalität zu überprüfen. Diese Prüfungen laufen entweder automatisiert mit sogenannten Style-Checkern (Lintern) ab oder werden im Zuge der analytischen Qualitätssicherung, zum Beispiel als Teil eines Reviewverfahrens, manuell durchgeführt (Broy & Kuhrmann, 2021, S. 471).

4.2 Analytische Qualitätssicherung

Der analytischen Qualitätssicherung werden Maßnahmen zugeordnet, die Ergebnisse der Entwicklung auf die geforderte Qualität zu überprüfen und daraus eventuell einen Handlungsbedarf zur Optimierung abzuleiten. Die Einhaltung und Erfüllung der Spezifikation kann dabei auch automatisiert durch Prüfwerkzeuge erreicht und sichergestellt werden (Broy & Kuhrmann, 2021, S. 442). Studien zeigen, dass sich Code Qualität durch die Einführung von Clean Code mit den bekannten Metriken messen und verbessern lässt (Vasileva & Schmedding, 2016, S. 136). Aufgedeckte Verstöße sollten iterativ in einem Refactoring beseitigt werden, um die Code-Qualität laufend zu verbessern.

Generell sollten Maßnahmen zur Messung der Code-Qualität früh in einem Projekt vorgenommen werden, bevor die technische Schuld zu hoch ist (Rachow et al., 2018, S. 136), und Änderungen und Anpassungen zu aufwändig werden. Technische Schuld bezieht sich auf die Folgen von bewussten oder unbeabsichtigten Qualitätskompromissen in der Softwareentwicklung, die zu späteren Herausforderungen und zusätzlichem Aufwand führen können (Broy & Kuhrmann, 2021, S. 578). „Code quality can be achieved, if this aim is pursued from the beginning of the development process, as early as in the modeling phase" (Vasileva & Schmedding, 2016, S. 136). Qualitätsanalysen können nicht ausschließlich automatisiert durchgeführt werden, sondern benötigen dazu menschliche Unterstützung (Steidl et al., 2014, S. 564).

4.2.1 Code Reviews

In Code Reviews wird produzierter Quellcode von einem anderen Team-Mitglied überprüft, um dabei Fehlerfreiheit, Design und Effizienz zu bewerten. Überdies kann ein erfahrener Entwickler einen unerfahrenen Entwickler auf Verstöße gegen Clean Code aufmerksam machen. Für gewöhnlich sollten diese Reviews durch einen schriftlichen Bericht dokumentiert werden, um die Stellungnahmen aller Beteiligten zu haben (Broy & Kuhrmann, 2021, S. 469). Damit die Ergebnisse der Reviews nicht willkürlich oder zu subjektiv sind, kann es vorteilhaft sein, standardisierte Checklisten oder ähnliche Kriterien zu nutzen (Rachow et al., 2018, S. 134). Code Reviews werden manuell durchgeführt, da sich viele Merkmale von Software-

Qualität wie Verständlichkeit oder Änderbarkeit nicht automatisiert prüfen lassen (Liggesmeyer, 2009, S. 306). Dies betrifft auch Clean Code Prinzipien wie aktualisierte Kommentare oder sinnvolle Namensgebung.

4.2.2 Software-Metriken

Neben den eher subjektiven Ansätzen der Code-Reviews, gibt es quantitative Messgrößen, die Metriken, die bei der Bewertung von Code Hinweise liefern können. Dabei handelt es sich um sogenannte Produkt-Metriken, welche das Software-System anhand von Eigenschaften bewerten (Broy & Kuhrmann, 2021, S. 65). Software-Metriken dienen dazu, im gesamten Software-Lebenszyklus zu überprüfen, ob die Qualitätsanforderungen erfüllt werden, indem sie eine quantitative Grundlage für Entscheidungen schaffen und die subjektive Bewertung der Softwarequalität reduzieren (IEEE Standard for a Software Quality Metrics Methodology, S. 4). Allerdings sind alle diese Metriken nur bedingt geeignet, Verstöße gegen Clean Code aufzuspüren.

Zyklomatische Komplexität

Hierbei handelt es sich um eine Softwaremetrik, die 1976 von Thomas J. McCabe eingeführt wurde. Sie basiert auf der Vorstellung, dass Funktionen oder Klassen ab einer gewissen Komplexität für den Leser nicht mehr nachvollziehbar sind. Die Metrik basiert auf dem Konzept der Kontrollflussgraphen, der aus einer Menge von Knoten V und die Menge der Kanten E, die die Übergänge repräsentieren. Je höher der Wert der Metrik ist, desto schwieriger ist das Modul zu lesen (Broy & Kuhrmann, 2021, S. 66). Der oberste Grenzwert liegt bei 10. Kritik an dieser Metrik ist die Ausrichtung an Verzweigungen und dem Ignorieren von anderen Eigenschaften (Broy & Kuhrmann, 2021, S. 69).

Halstead-Metrik

Die Halstead-Metrik wird in der statischen Analyse zur Vorhersagung des Wartungsaufwands eines Programms verwendet (Broy & Kuhrmann, 2021, S. 69 ff). Dazu werden zunächst 4 Werte bestimmt: Die Anzahl der Operatoren im Code N_1, die Anzahl der Operanden N2, die Anzahl $\eta1$ der verschiedenen Operatoren sowie die Anzahl $\eta2$ für die Anzahl der verschiedenen Operanden. Auf Basis dieser Werte lassen sich folgende Werte bestimmen

Programmlänge N = N1 + N2

Vokabulargröße η = $\eta1$ + $\eta2$

Halstead-Volumen HV = N $\log2(\eta)$

Mit diesen Basismaßen lassen sich weitere Metriken für ein System wichtige Metriken wie Schwierigkeit, Aufwand oder Implementierungszeit. Zwar gibt die Halstead-Metrik im Ergebnis nicht direkt an, dass gegen Prinzipien des Clean Code verstoßen wurde, ein hoher Wert bei der Aufwandschätzung deutet aber darauf hin, dass für ein Modul ein hoher Wartungsaufwand besteht.

Zeilen des Codes (LOC)

Die Anzahl der Codezeilen ist eine einfache Kennzahl, die einen Überblick über den Umfang des Codes gibt. Sie misst zwar nicht direkt die Umsetzung von Clean Code, aber übermäßig lange Methoden oder Klassen mit zu vielen Zeilen können ein Hinweis auf schlecht organisierten oder komplexen Code sein. Laut Martin sollten Funktionen nicht länger als maximal 100 Zeilen sein (Martin, 2013, S. 64). Ein niedriger Wert ist also zu bevorzugen. Diese Metrik ist nicht frei von Kritik, da sie stark von Faktoren wie der Struktur des Quellcodes oder der spezifischen Programmiersprache abhängt (Broy & Kuhrmann, 2021, S. 65).

5 Schluss
5.1 Zusammenfassung der Ergebnisse

Der Autor hat in dieser Seminararbeit versucht, zu erläutern, mit welchen Methoden Clean Code in einer Organisation eingeführt und ob der Nachweis erbracht werden kann, dass diese Praktiken auch umgesetzt werden. Zuerst wurde erklärt, was man unter Clean Code im Allgemeinen versteht, und welche Prinzipien dahinterstehen. Diese Prinzipien betrafen auf der einen Seite beispielhaft die im Buch von Martin vorgestellten Methoden und auf der anderen Seite anerkannte Software-Patterns und Design-Prinzipien. Die Frage nach der Einführung von Clean Code in Organisationen wurde damit erläutert, dass aufgezeigt wurde, wie sich dazu besonders agile Prozesse wie XP und SCRUM eignen, da sie durch kurze Iterationen und häufiges Refactoring hohe Codequalität fördern und Änderungen in kleinen Teams schrittweise eingeführt werden kann. Hierbei wurde gezeigt, dass Kommunikation und Wissenstransfer innerhalb der Teams von tragender Bedeutung sind, um eine langsam entstehende Clean Code Kultur innerhalb der Organisation zu fördern. Um den Nachweis zu führen, dass Clean Code in der Praxis auch angewendet wird, wurden Methoden der konstruktiven Qualitätskontrolle vorgestellt, die versuchen, anhand Richtlinien, Dokumentationen und statischer Code-Analyse in den IDEs Fehler schon vor oder während dem Entwickeln in den Griff zu bekommen. Zudem wurden Methoden der analytischen Qualitätskontrolle aufgezeigt, die sich auf manuellen Review-Techniken und automatisiert durchgeführte, allerdings nur bedingt geeignete Metriken fokussieren, um die Code-Qualität nach der Entwicklung zu prüfen.

5.2 Fazit

Wie kann Clean Code nun in einer Organisation eingeführt und der Nachweis erbracht werden, dass diese Praktiken auch tatsächlich umgesetzt werden? Tatsächlich wurden durch die Arbeit

Studien und Bücher identifiziert, die zeigen, wie sich Code-Qualität durch Refactoring verbessern und messen lässt. Es hat sich gezeigt, dass dazu besonders iterative Prozesse und agile Methoden mit kontinuierlicher Code-Verbesserung und kurzen Refactoring Zyklen geeignet sind. Allerdings muss dazu in den Teams und der Organisation ein Verständnis und eine Kultur des Clean Codes gelebt werden, wozu Wissenstransfer und Kommunikation von zentraler Bedeutung sind. Auf der anderen Seite hat sich gezeigt, dass es schwierig ist, einen Nachweis über die Nutzung von Clean Code zu führen. Manuell durchgeführte Review-Techniken und Pair-Programming sind subjektiv und unter Umständen zeitintensiv und statische Codeanalysen und Software-Metriken sind nicht frei von Kritik. Zudem gibt es keine Metrik, die explizit auf Clean Code ausgerichtet ist. Zwar konnte gezeigt werden, dass sich Code-Qualität grundsätzlich verbessern lässt, wenn iterativ Refactoring betrieben und gemessen wird, aber nicht explizit durch das Einhalten von Clean Coding Prinzipien. Grundsätzlich gibt es zu dem Thema Clean Code in der Organisation wenig Literatur, um die Forschungsfrage abschließend umfänglich beantworten zu können. Als Ausblick kann festgehalten werden, dass das Thema Clean Code im Informatik-Studium ausgeprägter behandelt werden sollte und Seminare oder Projektarbeiten eingerichtet werden, die dieses Thema auch praktisch behandeln.

Literaturverzeichnis

Ayewah, N., Hovemeyer, D., Morgenthaler, J.D., Penix, J. & Pugh, W .(2008). Using Static Analysis to Find Bugs. IEEE Software IEEE Softw. Software, IEEE. 25(5)

Broy, M. & Kuhrmann, M. (2021). *Einführung in die Softwaretechnik.* Springer Vieweg.

Fowler, M. (2020). *Refactoring. Wie Sie das Design bestehender Software verbessern,* mitp

Hunt, A., Thomas, D. (1999). *The Pragmatic Programmer: From Journeyman to Master.* Addison Wesley

IEEE Standard for a Software Quality Metrics Methodology (1993) in *IEEE Std 1061-1992,* 1-96. https://doi.org.pxz.iubh.de:8443/10.1109/IEEESTD.1993.115124

Liggesmeyer, P. (2009). *Software-Qualität - Testen, Analysieren und Verifizieren von Software,* Spektrum Akademischer Verlag

Ludewig, J., Lichter, H. (2013). *Software Engineering: Grundlagen, Menschen, Prozesse, Techniken* (3. korrigierte Auflage). Heidelberg: dpunkt.verlag.

Martin, R. C. (2013). *Clean Code - Refactoring, Patterns, Testen und Techniken für sauberen Code.* (Deutsche Ausgabe). MITP-Verlags GmbH & Co. KG.

Patzak, G. Rattay, G. (2018). *Projektmanagement: Projekte, Projektportfolios, Programme und projektorientierte Unternehmen* (7. aktualisierte Auflage) Linde Verlag, Wien

Rachow, P., Schroder, S., & Riebisch, M. (2018). Missing Clean Code Acceptance and Support in Practice - An Empirical Study. 25th Australasian Software Engineering Conference (ASWEC), 131–140. https://doi.org.pxz.iubh.de:8443/10.1109/ASWEC.2018.00026

Steidl, D., Deissenboeck, F., Poehlmann, M., Heinke, R., & Uhink-Mergenthaler, B. (2014). Continuous Software Quality Control in Practice. https://doi.org/10.1109/ICSME.2014.95

Vasileva, A., & Schmedding, D. (2016). How to Improve Code Quality by Measurement and Refactoring. 10th International Conference on the Quality of Information and Communications Technology (QUATIC), 131–136. https://doi-org.pxz.iubh.de:8443/10.1109/QUATIC.2016.034.